Especialidad formativa

Se entiende por especialidad formativa la agrupación de contenidos, competencias profesionales y especificaciones técnicas que responde a un conjunto de actividades de trabajo enmarcadas en una fase del proceso de producción y con funciones afines.

Las especialidades formativas de Uso General, Formación Complementaria, Formación Modular y las especialidades formativas dirigidas a la obtención de certificados de profesionalidad se incluyen en el Fichero de Especialidades del Servicio Público de Empleo Estatal para su gestión en todo el territorio nacional por cualquier Administración competente.

Las especialidades complementarias, pertenecen todas a la Familia profesional de Formación Complementaria (FCO) y tienen la consideración de formación transversal en áreas que se consideran prioritarias tanto en el marco de la Estrategia Europea para el Empleo y del Sistema Nacional de Empleo como en las directrices establecidas por la Unión Europea. Se consideran áreas prioritarias las relativas a tecnologías de la información y la comunicación, la prevención de riesgos laborales, la sensibilización en medio ambiente, la promoción de la igualdad, la orientación profesional y aquellas otras que se establezcan por la Administración competente.

Las especialidades de Certificado de profesionalidad tienen una duración especificada en su normativa reguladora.

En el resultado de la búsqueda, se muestran las unidades de competencia, todos los módulos formativos con su duración y las unidades formativas del certificado correspondiente, con su duración. Las horas del certificado, exclusivo de las especialidades de certificado de profesionalidad, con alta igual o superior a 2008, son las horas totales más las horas del módulo de Prácticas Profesionales no Laborales.

- **Si la especialidad tiene unidades formativas,** las horas totales, presencial, distancia, teleformación serán igual a la suma de esas horas de las unidades formativas de los distintos módulos, sin que se repita ninguna Unidad formativa.

⮞ **Si la especialidad no tiene unidades formativas,** las horas totales, presencial, distancia, teleformación serán igual a las sumas de esas horas de los módulos formativos, eliminando las horas de los módulos repetidos.

https://sede.sepe.gob.es/especialidadesformativas/RXBuscadorEFRED/BusquedaEspecialidades.do

(Fuente: Servicio Público de Empleo Estatal)

Sensibilización sobre los derechos de los viajeros con discapacidad (formación complementaria de la formación continua CAP viajeros). TMVI52

José Manuel Fernández Martínez

ic editorial

Sensibilización sobre los derechos de los viajeros con discapacidad (formación complementaria de la formación continua CAP viajeros). TMVI52
© José Manuel Fernández Martínez

1ª Edición

© IC Editorial, 2026

Editado por: IC Editorial
c/ Cueva de Viera, 2, Local 3
Centro Negocios CADI
29200 Antequera (Málaga)
Teléfono: 952 70 60 04
Fax: 952 84 55 03
Correo electrónico: iceditorial@iceditorial.com
Internet: www.iceditorial.com

ISBN: 979-13-7027-196-1
Depósito Legal: MA 601-2026

Impresión: PODiPrint
Impreso en Andalucía – España

Nota de la editorial: IC Editorial pertenece a Innovación y Cualificación S. L.

Índice

OBJETIVOS GENERALES

El objetivo general de este título **Sensibilización sobre los derechos de los viajeros con discapacidad (formación complementaria de la formación continua CAP viajeros). TMVI52,** es el siguiente:

➲ Mantener actualizados los conocimientos inicialmente exigidos a los conductores de vehículos destinados a transporte de viajeros por carretera para cuya conducción se exijan los permisos D1, D1+E, D, D+E en el ejercicio de su actividad profesional, en materia de sensibilización sobre los derechos de los viajeros con discapacidad, de conformidad con el Reglamento (UE) n.º 181/2011 del Parlamento Europeo y del Consejo, de 16 de febrero de 2011, sobre los derechos de los viajeros de autobús y autocar y por el que se modifica el Reglamento (CE) n.º 2006/2004 Texto pertinente a efectos del EEE.

Sensibilización sobre los derechos de los viajeros con discapacidad (Formación complementaria de la formación continua CAP viajeros)

Contenido

Objetivos

El objetivo general de esta Unidad de Aprendizaje es:

→ Mantener actualizados los conocimientos inicialmente exigidos a los conductores de vehículos destinados a transporte de viajeros por carretera para cuya conducción se exijan los permisos D1, D1+E, D, D+E en el ejercicio de su actividad profesional, en materia de sensibilización sobre los derechos de los viajeros con discapacidad de conformidad con el Reglamento (UE) n.° 181/2011 del Parlamento Europeo y del Consejo, de 16 de febrero de 2011 , sobre los derechos de los viajeros de autobús y autocar y por el que se modifica el Reglamento (CE) n ° 2006/2004 Texto pertinente a efectos del EEE.

Los objetivos específicos de esta Unidad de Aprendizaje son:

→ Adquirir los conocimientos necesarios sobre accesibilidad, información y tratamiento que hay que proporcionar a los viajeros con discapacidad.

→ Conocer la normativa nacional y comunitaria del transporte accesible en autobús: Transporte de viajeros con discapacidad.

→ Profundizar en la atención que se debe prestar a las personas con discapacidad.

→ Generar en el conductor de autobús la sensibilidad y empatía necesarias para ofrecer un adecuado servicio.

1. Introducción

En el desarrollo de la actividad profesional como conductor de transporte de viajeros, no solo es importante conocer la normativa y manejar correctamente el vehículo, sino también comprender la responsabilidad social que implica garantizar un servicio accesible, seguro y digno para todas las personas.

Cada día, miles de usuarios utilizan el transporte público para desplazarse a sus lugares de trabajo, centros educativos o espacios de ocio. Entre ellos, se encuentran personas con discapacidad que pueden enfrentarse a barreras físicas, sensoriales o de comunicación que dificultan su movilidad si no se adoptan las medidas adecuadas.

En este contexto, el papel del conductor adquiere una relevancia fundamental, ya que no solo debe conocer los requisitos técnicos del vehículo y la normativa aplicable, sino también desarrollar habilidades de atención, empatía y comunicación que permitan ofrecer un servicio inclusivo y de calidad.

A lo largo de esta unidad, acompañarás a Alfonso en su proceso de concienciación y aprendizaje, descubriendo cómo aplicar la normativa vigente y cómo actuar ante diferentes situaciones reales, con el objetivo de garantizar el respeto a los derechos de los viajeros con discapacidad y contribuir a una movilidad más accesible para todos.

2. Conocimientos sobre accesibilidad, información y tratamiento que hay que dar a los viajeros con discapacidad

 HILO CONDUCTOR

Alfonso está concienciado de la necesidad de facilitar el acceso al transporte a las personas con discapacidad. Recuerda que en los cursos que realizó para obtener el CAP (Certificado de Aptitud Profesional), estudió los requisitos que han de reunir los autobuses que realizan líneas regulares.

Continúa en página siguiente >>

<< *Viene de página anterior*

Con objeto de verificar la idoneidad de los autobuses que conduce en su trabajo, se pregunta en qué normativa estará recogido el equipamiento de los autobuses, las estaciones de viajeros, paradas, etc. Vamos a repasar la normativa que establece los requisitos que han de cumplir los vehículos destinados al transporte colectivo en líneas regulares.

En este primer apartado encontrarás los aspectos más relevantes en relación con la accesibilidad, información y tratamiento que has de proporcionar a los pasajeros con discapacidad. Para que puedas comprender y sensibilizarte sobre la discapacidad y la necesidad del servicio que prestas como conductor de autobús, veamos a continuación las descripciones que establece la "Convención sobre los derechos de las personas con discapacidad, hecha en Nueva York el 13 de diciembre de 2006".

 **DEFINICIÓN**

Personas con discapacidad
Aquellas personas que tengan deficiencias físicas, mentales, intelectuales o sensoriales a largo plazo que, al interactuar con diversas barreras, puedan impedir su participación plena y efectiva en la sociedad, en igualdad de condiciones con las demás.

Comunicación
Incluirá los lenguajes, la visualización de textos, el *braille*, la comunicación táctil, los macrotipos, los dispositivos multimedia de fácil acceso, así como el lenguaje escrito, los sistemas auditivos, el lenguaje sencillo, los medios de voz digitalizada y otros modos, medios y formatos aumentativos o alternativos de comunicación, incluida la tecnología de la información y las comunicaciones de fácil acceso.

Discriminación por motivos de discapacidad
Cualquier distinción, exclusión o restricción por motivos de discapacidad con el propósito o el efecto de obstaculizar o dejar sin efecto el reconocimiento, goce o ejercicio, en igualdad de condiciones, de los derechos humanos y libertades fundamentales. Incluye la discriminación, entre ellas, denegación de ajustes razonables.

Continúa en página siguiente >>

<< Viene de página anterior

Ajustes razonables

Son las modificaciones y adaptaciones necesarias que no impongan una carga desproporcionada o indebida, que se requieran para garantizar a las personas con discapacidad el goce o ejercicio, en igualdad de condiciones con las demás, de todos los derechos y libertades fundamentales.

Diseño universal

Es el diseño de productos, entornos, programas y servicios que puedan utilizar todas las personas, en la medida de lo posible, sin necesidad de adaptación ni diseño especializado.

- -

Gracias a los ajustes razonables realizados en el vehículo, se consigue un diseño universal que posibilita evitar la discriminación a los pasajeros con discapacidad.

 **PARA SABER MÁS**

En el siguiente enlace podrás acceder a información detallada sobre la Convención sobre los derechos de las personas con discapacidad.

Continúa en página siguiente >>

<< Viene de página anterior

https://redirectoronline.com/tmvi520101

2.1. Normativa nacional y comunitaria del transporte accesible en autobús

Las personas con discapacidad requieren de unas condiciones específicas para conseguir su inclusión social. Pero, ¿gozan de unos derechos reconocidos? Ciertamente, las personas con discapacidad gozan de unos derechos reconocidos que facilitan su inclusión social y que, por tanto, obligan a diversos sectores a prestar la atención necesaria a este colectivo.

Veamos a continuación los principales aspectos recogidos en el Real Decreto Legislativo 1/2013, de 29 de noviembre, por el que se aprueba el Texto Refundido de la Ley General de derechos de las personas con discapacidad y de su inclusión social:

Igualdad de oportunidades
- Es la ausencia de toda discriminación, directa o indirecta, por motivo de o por razón de discapacidad, incluida cualquier distinción, exclusión o restricción que tenga el propósito o el efecto de obstaculizar o dejar sin efecto el reconocimiento, goce o ejercicio en igualdad de condiciones por las personas con discapacidad.

Discriminación directa
- Es la situación en la que se encuentra una persona con discapacidad cuando es tratada de manera menos favorable que otra en situación análoga por motivo de o por razón de su discapacidad.

Continúa en página siguiente >>

<< Viene de página anterior

Discriminación indirecta
- Existe cuando una disposición legal o reglamentaria, o bien un entorno, producto o servicio, aparentemente neutros, pueden ocasionar una desventaja particular a una persona respecto de otras por motivo de o por razón de discapacidad.

Medidas de acción positiva
- Son aquellas consistentes en evitar o compensar las desventajas derivadas de la discapacidad y destinadas a acelerar o lograr la igualdad de las personas con discapacidad.

Accesibilidad universal
- Es la condición que deben cumplir los entornos, procesos, bienes, productos y servicios, así como los objetos, instrumentos, herramientas y dispositivos, para ser comprensibles, utilizables y practicables por todas las personas en condiciones de seguridad y comodidad y de la forma más autónoma y natural posible.

IMPORTANTE

Son personas con discapacidad aquellas que presentan deficiencias físicas, mentales, intelectuales o sensoriales, previsiblemente permanentes, que, al interactuar con diversas barreras, puedan impedir su participación plena y efectiva en la sociedad, en igualdad de condiciones con los demás.

Tendrán la consideración de personas con discapacidad aquellas a quienes se les haya reconocido un grado de discapacidad igual o superior al 33 %.

La ley, considera infracciones administrativas las acciones y omisiones que ocasionen vulneraciones del derecho a la igualdad de oportunidades, no discriminación y accesibilidad universal, cuando se produzcan discriminaciones directas o indirectas, acosos, incumplimiento de las exigencias de accesibilidad y de llevar a cabo ajustes razonables, así como el incumplimiento de las medidas de acción positiva legalmente establecidas, especialmente cuando se deriven beneficios económicos para la persona infractora.

La instalación en autobuses de elementos que faciliten la movilidad a pasajeros con discapacidad está regulada en la legislación correspondiente para garantizar la accesibilidad universal.

Además de la normativa anterior, se debe tener presente la siguiente:

Real Decreto 1544/2007, de 23 de noviembre, por el que se regulan las condiciones básicas de accesibilidad y no discriminación para el acceso y utilización de los modos de transporte para personas con discapacidad	**Reglamento (UE) n.º 181/2011 del Parlamento Europeo y del Consejo, de 16 de febrero de 2011, sobre los derechos de los viajeros de autobús y autocar y por el que se modifica el Reglamento (CE) n.º 2006/2004**

- Garantiza los derechos básicos de los viajeros, incluyendo información, asistencia y compensaciones en caso de incidencias en el transporte.
- Establece la obligación de no discriminación y de prestar asistencia específica a personas con discapacidad o movilidad reducida.
- Impone a las empresas transportistas la responsabilidad de asegurar accesibilidad y atención adecuada durante todo el viaje.

- Reconoce el derecho de las personas con discapacidad a viajar sin discriminación y sin costes adicionales, garantizando igualdad de acceso al transporte.
- Obliga a prestar asistencia gratuita en estaciones y a bordo, así como formación específica al personal en atención a estos viajeros.
- Regula la información accesible, la compensación por pérdida o daño de equipos de movilidad y la continuidad del servicio en condiciones dignas.

ACTIVIDAD COMPLEMENTARIA

1. Como conductor de transporte de viajeros, es fundamental conocer la normativa que regula los derechos de as personas con discapacidad y las condiciones de accesibilidad er el transporte.

   Para ello, debes analizar las siguientes normativas oficiales:

   · Real Decreto 1544/2007

https://redirectoronline.com/tmvi520102

   · Reglamento (UE) n.º 181/2011

https://redirectoronline.com/tmvi520103

   · Real Decreto Legislativo 1/2013

https://redirectoronline.com/tmvi520104

Continúa en página siguiente >>

<< *Viene de página anterior*

Tras ello, responde al siguiente interrogante: ¿Por qué es importante que un conductor conozca esta normativa en su trabajo diario?

2.2. Transporte de viajeros con discapacidad

Todos los servicios de transporte público regular permanente de viajeros de uso general interurbanos deberán reunir, en todas sus expediciones, las siguientes condiciones de accesibilidad:

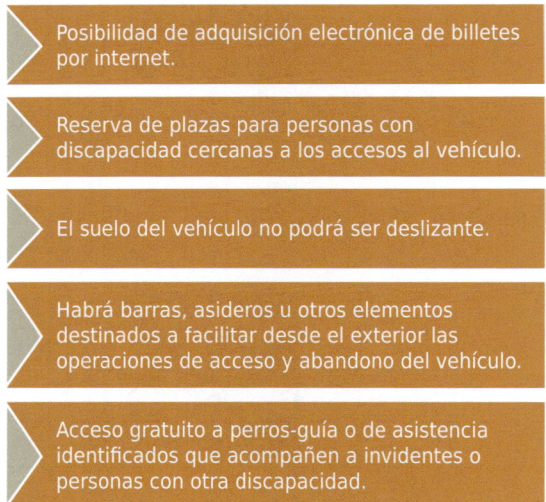

> Posibilidad de adquisición electrónica de billetes por internet.

> Reserva de plazas para personas con discapacidad cercanas a los accesos al vehículo.

> El suelo del vehículo no podrá ser deslizante.

> Habrá barras, asideros u otros elementos destinados a facilitar desde el exterior las operaciones de acceso y abandono del vehículo.

> Acceso gratuito a perros-guía o de asistencia identificados que acompañen a invidentes o personas con otra discapacidad.

En el caso de proyección audiovisual durante el itinerario, la señalización interior de los elementos de acceso y abandono del vehículo se proporcionará subtitulada.

 **NOTA**

Las órtesis (férulas, corsés, plantillas, etc.) y los dispositivos que pueda precisar un viajero con discapacidad se transportarán gratuitamente en bodega.

Los servicios cuyo itinerario exceda de una comunidad autónoma, además de los requisitos descritos, deberán cumplir en todas sus expediciones los siguientes:

⮕ Accesibilidad para personas que viajen en su propia silla de ruedas, así como los medios necesarios para el acceso al vehículo del viajero en la silla.

⮕ Información sonora y en texto en el interior de los vehículos cuando sea necesario informar a los viajeros.

⮕ Reserva de espacio gratuito para los utensilios, ayudas, aparatos o mecanismos que constituyan una ayuda técnica de las personas con discapacidad.

A continuación, se exponen las condiciones básicas de accesibilidad en el transporte urbano y suburbano en autobús:

⮕ **Paradas:**

　○ La presencia de las paradas se señalizará en el pavimento mediante la colocación de una franja de detección tacto-visual de acanaladura, con contraste cromático elevado en relación con las áreas de pavimento adyacentes.

　○ Los postes correspondientes a las paradas contarán con información sobre identificación y denominación de la línea en sistema *braille*.

　○ Junto al bordillo de la parada, se instalará una franja táctil visual de tono y color amarillo vivo y ancho mínimo de 40 cm.

　○ El ámbito de la calzada anterior, posterior y de la misma parada ha de protegerse con elementos rígidos y estables que impidan la invasión de vehículos que indebidamente obstaculicen la aproximación que debe realizar el autobús para que la rampa motorizada alcance el punto correcto de embarque.

⮕ **Marquesinas:**

　○ La configuración de la marquesina deberá permitir el acceso, bien lateralmente, bien por su parte central, con un ancho libre mínimo de paso de 90 cm.

　○ La información correspondiente a la identificación, denominación y esquema de recorrido de las líneas contará con su transcripción al sistema *braille*.

　○ Cuando se informe a los usuarios con una pantalla de la situación de los autobuses de las líneas que pasan en esa parada, se procurará completar el dispositivo con la información sonora simultánea, a la demanda de un invidente, con un mando de los utilizados para el accionamiento de la sonorización de las señales semafóricas o sistema alternativo.

◑ Se dispondrá al menos de un apoyo isquiático y algún asiento. Los asientos agrupados o individuales tendrán reposabrazos.

La información proporcionada por el sistema braille permite la identificación, denominación y esquema de recorrido de las líneas.

3. Atención a las personas con discapacidad

☞ HILO CONDUCTOR

Alfonso, tras conocer que deberá atender a un gran número de pasajeros con discapacidad en la línea regular en la que presta servicio, ha comprobado que los vehículos están debidamente equipados.

También ha verificado que el punto de inicio de la ruta, así como las paradas, cuentan con los requisitos legales establecidos.

Alfonso entiende lo importante y necesario que es ofrecer un servicio y un trato adecuado a cada tipo de discapacidad. Esta reflexión le hace entender lo significativo que es actuar con empatía, respeto y profesionalidad.

El respeto a la dignidad de las personas con discapacidad requiere propiciar un espacio en el que asuman el poder de decisión sobre sus propias vidas, desde la equiparación de oportunidades e igualdad de derechos para todas las personas.

Todas las personas tienen derecho a participar en condiciones de igualdad que el resto de la ciudadanía. El acceso de algunas personas a determinados entornos, bienes o servicios que deben estar a su disposición supone la necesidad de contemplar aspectos importantes de los mismos con el fin de garantizarlos al igual que el resto de la población. Las necesidades de accesibilidad son distintas en cada una de ellas. Así mismo, existe una gran diversidad dentro de cada una de las discapacidades.

A continuación, vas a encontrar una serie de recomendaciones básicas con el fin de facilitar conductas y actitudes que garanticen la accesibilidad de las personas con discapacidad.

 IMPORTANTE

Es recomendable tener en cuenta las siguientes pautas de actuación:

1. Prestar atención a la persona, no a la discapacidad.
2. Hablar directamente con ella, no con su acompañante.
3. Tratar a las personas adultas como tales.
4. Evitar miradas paternalistas (no usar expresiones como sufrir, padecer, etc.).
5. Ver a la persona desde la igualdad.

Puesto que podemos encontrar a personas con distintas discapacidades, también nuestro comportamiento será diferente y adecuado a cada discapacidad.

 **IMPORTANTE**

Posiblemente, el principal objetivo de este manual y de la formación que estás realizando sea la concienciación.

De nada sirve que el autobús esté dotado de todos los elementos exigidos, que conozcamos la normativa a aplicar, etc., si el conductor no está concienciado.

3.1. Personas con discapacidad auditiva

Las personas con discapacidad auditiva se suelen comunicar de diversas formas, lenguaje oral o lengua de signos, por lo que habrá que individualizar la respuesta en función de su condición.

Las personas con discapacidad auditiva encuentran dificultades a la hora de decodificar mensajes, anticipar hechos y manejar símbolos que se apoyan en el lenguaje verbal. Estas dificultades se pueden agravar en entornos con mala acústica que dificulten la recepción de los mensajes (ruido de fondo, distancia entre interlocutores, etc.).

Cuando estemos con personas sordas o hipoacúsicas, intentaremos facilitarles ayudas que complementen, aumenten o supongan una alternativa a este sistema de comunicación. Para ello:

- Evitaremos hablarle sin que nos esté mirando.
- En caso de querer hablarle, le avisaremos, indicándole el tema de conversación y, cada vez que varíe, se lo haremos saber.
- Llamaremos su atención con un ligero toque en el brazo o en el hombro (no es conveniente tocar ni en la cabeza ni en la espalda por el sobresalto que puede causar), o con una discreta seña antes de hablar.
- Nos situaremos a su altura, sobre todo si son niños y niñas o si van en silla de ruedas.
- Mientras hablemos, es necesario que no tengamos nada en los labios ni en la boca.
- Evitaremos poner las manos delante de nuestra boca.
- Le hablaremos de frente, con la cara bien iluminada y de cerca para facilitarle la labiolectura.
- Vocalizaremos bien, pero sin exagerar ni elevar el volumen de voz.

- Hablaremos siempre con un tono natural, evitando hablarle deprisa o demasiado despacio y asegurándonos de que comprende la conversación.
- Si no nos entiende, repetiremos el mensaje. Construiremos la frase de otra manera más sencilla, pero correcta y con palabras de significado similar.
- Ayudaremos a la comunicación con gestos naturales que le sirvan de apoyo, sin sobreactuar. También podemos recurrir, si fuera necesario, con alguna palabra escrita o dibujo.
- Si estamos en grupo, es necesario respetar los turnos a la hora de hablar e indicar previamente quién va a intervenir.
- Darles información complementaria sobre cualquier estímulo auditivo (músicas de fondo, mensajes por megafonía, instrucciones verbales al grupo...). Eso les permite entender mejor las reacciones de otras personas y adecuar su comportamiento de un modo más eficaz.
- Si utiliza la lengua de signos, es necesario mirarle cuando está signando; lo contrario se considera falta de interés o de respeto. Además, si va acompañada de un intérprete de lengua de signos u otra persona, le miraremos a ella aunque sea su acompañante quien hable.

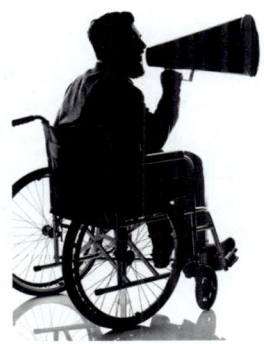

Siempre hay que hablarles de frente, con la cara bien iluminada y de cerca para facilitarles la labiolectura; vocalizaremos bien, pero sin exagerar ni elevar el volumen de voz.

3.2. Personas con discapacidad intelectual o trastornos del desarrollo

Estas personas pueden presentar algunas dificultades de comunicación oral.

Al relacionarte con personas que presenten este tipo de discapacidad, hay que tener presentes las siguientes consideraciones:

- Hay que considerar sus comentarios y propuestas, sin devaluarlas.
- Conviene que utilicemos frases cortas, claras y sencillas para su comprensión, comunicando el mensaje de la forma más simple y clara posible.
- No se adelante a las emisiones de la persona, acomódese a su ritmo, dándole opciones de intervenir y respetando sus silencios.
- Ante los cambios, está especialmente indicado anticipar información, verbalizar por adelantado lo que va a suceder, con el fin de aumentar su capacidad de adaptación.
- Ignore comportamientos que puedan parecer extraños (por ejemplo, vocalizaciones o gestos inusuales).
- Son de gran ayuda comunicativa las comparaciones, ejemplos o referencias vivenciales significativas para ella.
- Adapte su lenguaje al nivel de la persona: si esta no tiene lenguaje oral, puede acompañar sus explicaciones con material gráfico, signos y señas para facilitar la comprensión.
- Utilice un lenguaje positivo.
- Reduzca, a ser posible, la estimulación sensorial y las interrupciones.
- Los trataremos de acuerdo a su edad cronológica, evitando infantilizar nuestro lenguaje si no es un niño y contemplando con respeto sus opiniones o puntos de vista.
- Es conveniente que consideremos que algunas personas con discapacidad intelectual o trastornos de desarrollo viven con incomodidad el contacto físico. Como norma general, nuestra relación en este sentido ha de tener un planteamiento equivalente al que seguimos con cualquier persona.
- Debemos tender a emitir respuestas lo más normalizadas posible.
- Respetemos sus tiempos de respuesta, que pueden no coincidir con los nuestros.

3.3. Personas con discapacidad psíquica o trastornos del neurodesarrollo

Estas personas pueden tener algunas dificultades en la comunicación verbal y no verbal, dificultades en la socialización, pueden tener conductas estereotipadas e intereses restringidos. Habrá que tener en cuenta:

- Utiliza el contacto ocular, sitúate en frente de la persona.
- Reduce el lenguaje en la comunicación con estas personas.
- Utiliza un lenguaje claro, conciso y concreto.
- Evita el uso de lenguaje figurado, frases hechas o de doble sentido.

3.4. Personas con discapacidad física

Las personas con discapacidad física pueden presentar alteración en sus movimientos y requerir ayudas para su desplazamiento, aunque la discapacidad física se puede centrar también en los miembros superiores.

Con este grupo de personas, debes considerar las siguientes cuestiones:

- Al dirigirte hacia ella, hacerlo siempre por delante, cara a cara y agacharnos o ponernos a su altura si es usuaria de silla de ruedas.
- Pon las cosas a su alcance y adecúa la altura de textos o mensajes escritos.
- A la hora de colaborar en sus desplazamientos con silla de ruedas, espera a su petición de ayuda.
- Nuestra ayuda será oportuna solo si la requiere.
- En espacios estrechos, debemos prestar atención a que las manos y pies no choquen contra puertas, paredes, etc.

Ante las siguientes situaciones:

Si nos encontramos con un escalón	Si nos encontramos con una rampa
- Para subirlo, debes colocar la silla de frente al escalón de manera que primero suban las ruedas delanteras y luego las traseras. Debes colocarte detrás por seguridad. Muchas sillas presentan una barra trasera que nos permite hacer palanca con el pie para disminuir el esfuerzo y hacer más suaves las subidas. - Para bajarlo, coloca la silla de espaldas al escalón de manera que bajen primero las ruedas traseras. Aquí también nos colocaremos detrás por precaución.	- Para subir, la silla estará de frente a la rampa. Una vez subida, cerciórate de que la silla ha superado por completo la pendiente y queda frenada. - Para bajarla, la silla irá de espaldas a la rampa de manera que se irá hacia atrás. - Una vez abajo, comprobaremos que está bien colocada. - Algunas personas tienen alterada su capacidad verbal, por lo que les resulta más difícil hacerse entender. Debes escucharles sin prisas, hasta el final, aunque intuyas lo que quiere decir. Evitaremos completar sus frases o terminar su mensaje. Si no lo has entendido, díselo y escucha nuevamente con calma y atención, sin caer en interpretaciones.

Las personas con discapacidad física pueden presentar alteración en sus movimientos y requerir ayudas para su desplazamiento.

3.5. Personas con discapacidad visual

La discapacidad visual es una carencia, disminución o defecto de la visión. A la hora de comunicarte, debes recordar:

- Hablarle mirando a su cara.
- Dirigirte directamente a la persona con discapacidad visual para saber lo que quiere o desea y no a su acompañante (en caso de que lo hubiera).
- Hablarle en tono normal, despacio y claro, evitando gritar o elevar la voz.
- Evitar utilizar palabras como "aquí", "allí", "esto", "aquello"...; es preferible que utilices términos más orientativos como "a tu izquierda", "detrás de ti"...
- Pregunta antes de ofrecerle ayuda, ya que el hecho de que tenga una discapacidad visual no debe llevarnos a suponer que, necesariamente, la necesite.

Ampliemos este apartado con las siguientes situaciones:

Si la persona solicita nuestra ayuda
- Colócate delante de la persona ciega (a un paso más o menos), en el lado contrario al bastón en caso de que hubiera.
- Ofrece tu brazo para que se agarre a él.
- Nuestro brazo ha de estar relajado y transmitir naturalidad.
- Debes evitar colocarte detrás de ella y agarrar su brazo o su bastón para empujarle hacia de ante.
- Debes procurar que la persona con discapacidad visual perciba que está gestionando la ayuda que recibe por tu parte y no tires de ella.
- Adecúa el paso a sus características y al medio por el que os desplacéis para que camine cómodamente.

Si hay que subir o bajar escaleras, escalones o rampas
- Comunícale verbalmente que se acerca el desnivel, al borde de la escalera o escalón perpendicularmente al mismo.
- Detente brevemente antes de iniciar la subida o bajada.
- Posiciónate siempre una escalera por delante.

En relación con los perros guía
- Recuerda que se trata de un elemento de ayuda para esa persona y que es ella quien atiende y gestiona su conducta.
- Evita interactuar con el perro guía.
- Procura no hablarle ni contactar físicamente con él.

Este tipo de mosaico táctil facilita la orientación de las personas con discapacidad en la parada de autobús.

3.6. Personas con discapacidad de la voz

Incluye a personas que no pueden hablar o lo hacen con voz diferente (esofágica, con laringófono, con prótesis fonatoria), parálisis cerebral, por motivos fisiológicos, pero que oyen y comprenden sin dificultades.

Con este tipo de personas debes aplicar las siguientes pautas:

- Procura situarte frente a la persona para oír mejor.
- Respeta los turnos de palabra; puede que les cueste más empezar a hablar.
- Escúchale sin prisas, respetando sus tiempos y hasta el final; aunque intuyas lo que quiere decir, evita completar sus frases o terminar tú el mensaje.
- No termines sus frases.
- Si no le entiendes, pídele que repita el mensaje.
- No fingiremos haber comprendido si no ha sido así.
- En caso necesario, ofrece papel y bolígrafo u otra posibilidad de comunicación escrita (*tablet,* teléfono móvil, tableros de comunicación...).
- No hables más alto, ni más despacio, ni gesticulando para hacerte comprender. La persona con esta discapacidad oye bien y entiende sin dificultad.

 **PARA SABER MÁS**

En el siguiente enlace podrás encontrar información detallada de los diferentes símbolos que se utilizan para identificar las diferentes discapacidades.

https://redirectoronline.com/tmvi520105

TAREA 1

Alfonso continúa trabajando en la línea de autobús donde ha aumentado el número de usuarios con discapacidad. Durante una de sus jornadas, se le presentan las siguientes situaciones:

- Una persona con movilidad reducida accede al autobús en silla de ruedas.
- Un viajero con discapacidad visual solicita ayuda para localizar su parada.
- Una persona con discapacidad auditiva no responde a las indicaciones por megafonía.

Como conductor, actúa conforme a la normativa vigente y aplica las pautas de atención adecuadas para cada una de las situaciones descritas:

a. Indica cómo debe actuar el conductor, describiendo las acciones concretas que debe realizar.
b. Explica qué errores se deben evitar en cada caso.

4. Resumen

Personas con discapacidad, son aquellas personas que tengan deficiencias físicas, mentales, intelectuales o sensoriales a largo plazo que, al interactuar con diversas barreras, puedan impedir su participación plena y efectiva en la sociedad, en igualdad de condiciones con las demás.

Es necesario promover, proteger y asegurar el goce pleno y en condiciones de igualdad de todos los derechos y libertades fundamentales por todas las personas con discapacidad, y promover el respeto de su dignidad inherente.

Como conductor de un vehículo de transporte colectivo de pasajeros, has de asumir la concienciación necesaria para interactuar con personas con discapacidad.

Las personas con discapacidad tienen los mismos derechos que los demás ciudadanos conforme a nuestro ordenamiento jurídico. Para hacer efectivo este derecho a la igualdad, las Administraciones públicas promoverán las medidas necesarias para que el ejercicio en igualdad de condiciones de los derechos de las personas con discapacidad sea real y efectivo en todos los ámbitos de la vida.

El respeto a la dignidad de las personas con discapacidad, requiere propiciar un espacio en el que asuman el poder de decisión sobre sus propias vidas, desde la equiparación de oportunidades e igualdad de derechos para todas las personas.

Puesto que todas las personas tienen derecho a participar en condiciones de igualdad que el resto de la ciudadanía, el acceso de algunas personas a determinados entornos, bienes o servicios que deben de estar a su disposición, supone la necesidad de contemplar aspectos importantes de los mismos con el fin de garantizarlos al igual que el resto de la población.

Las necesidades de accesibilidad son distintas en cada una de. Así mismo, existe una gran diversidad dentro de cada una de las discapacidades.

Es recomendable tener en cuenta las siguientes pautas de actuación con objeto de prestar una adecuada ayuda:

Prestar atención a la persona, no a la discapacidad	Hablar directamente con ella, no con su acompañante
Tratar a las personas adultas como tales	Evitar miradas paternalistas (no usar expresiones como sufrir, padecer, etc.)

Ejercicios de autoevaluación
Unidad de Aprendizaje 1

1. ¿Qué se entiende por *discriminación indirecta*?

   a. Tratar peor a una persona de forma intencionada.
   b. Aplicar una norma o práctica aparentemente neutra que perjudica a personas con discapacidad.
   c. No prestar ayuda cuando se solicita.
   d. Adaptar servicios solo a una parte de la población.

2. Determina si la siguiente oración es verdadera o falsa: "La accesibilidad universal implica que los entornos y servicios deben ser utilizables por todas las personas en condiciones de seguridad y autonomía".

   ■ Verdadero
   ■ Falso

3. Según la normativa, ¿qué derecho tienen las personas con discapacidad en el transporte público?

   a. Acceder únicamente si hay plazas disponibles específicas.
   b. Viajar en igualdad de condiciones, sin discriminación.
   c. Recibir asistencia solo en trayectos largos.
   d. Pagar un suplemento por el uso de ayudas técnicas.

4. Determina si la siguiente oración es verdadera o falsa: "El conductor puede dirigirse al acompañante en lugar de a la persona con discapacidad si considera que es más rápido".

   ■ Verdadero
   ■ Falso

5. ¿Cuál de las siguientes actuaciones es correcta al atender a una persona con discapacidad auditiva?

    a. Hablar más alto para facilitar la comprensión.

    b. Hablar de frente, vocalizando correctamente y utilizando apoyos visuales si es necesario.

    c. Evitar comunicarse si no responde.

    d. Dirigirse siempre a su acompañante.

Glosario

Accesibilidad universal
Condición que deben cumplir entornos, productos y servicios para ser utilizables por todas las personas de forma autónoma, segura y cómoda.

Ajustes razonables
Modificaciones necesarias para garantizar la igualdad de derechos de las personas con discapacidad, siempre que no supongan una carga desproporcionada.

Comunicación accesible
Conjunto de sistemas y medios (*braille,* lengua de signos, apoyos visuales, etc.) que permiten comprender e intercambiar información sin barreras.

Discapacidad
Situación derivada de deficiencias físicas, mentales, intelectuales o sensoriales que, junto a barreras, limita la participación plena en la sociedad.

Discriminación directa
Trato menos favorable hacia una persona por motivo de discapacidad en comparación con otra en situación similar.

Discriminación indirecta
Situación en la que una norma o práctica aparentemente neutra perjudica a personas con discapacidad de forma desproporcionada.

Diseño universal
Diseño de productos y servicios que pueden ser utilizados por todas las personas sin necesidad de adaptaciones específicas.

Igualdad de oportunidades
Ausencia de discriminación que garantiza que todas las personas puedan ejercer sus derechos en condiciones equivalentes.

Inclusión social

Proceso que asegura la participación plena de las personas con discapacidad en todos los ámbitos de la sociedad.

Medidas de acción positiva

Actuaciones destinadas a compensar desventajas y favorecer la igualdad real de las personas con discapacidad.

Movilidad accesible

Condición del transporte que permite a todas las personas desplazarse de forma autónoma, segura y sin discriminación.

No discriminación

Principio que prohíbe cualquier trato desigual injustificado por razón de discapacidad.

Personas con discapacidad

Personas con limitaciones a largo plazo que, al interactuar con barreras, ven dificultada su participación en igualdad de condiciones.

Servicio accesible

Prestación de transporte o atención adaptada para garantizar la igualdad, seguridad y dignidad de todos los usuarios.

Bibliografía

Monografía

→ FERNÁNDEZ Martínez, J. M.: *Formación continua obligatoria para conductores CAP (Certificado de Aptitud Profesional)*. TMVI026PO. Antequera: IC Editorial, 2020.

> Es un manual formativo dirigido a conductores profesionales que deben obtener o renovar el CAP, centrado en actualizar sus conocimientos sobre conducción segura, normativa del transporte y mantenimiento del vehículo. Incluye contenidos sobre conducción eficiente, reglamentación, seguridad vial y prevención de riesgos, con el objetivo de mejorar la seguridad, reducir el consumo y optimizar el desempeño profesional.

→ Gobierno de Navarra: *Manual de buenas prácticas en la interacción con las personas con discapacidad*. Navarra: Cermin, 2013.

> Es un manual que ofrece pautas prácticas para mejorar la comunicación y el trato con personas con discapacidad, promoviendo el respeto, la igualdad y la accesibilidad en la interacción cotidiana. Su objetivo es eliminar barreras actitudinales y orientar conductas adecuadas según los distintos tipos de discapacidad, favoreciendo la participación plena y la autonomía de estas personas en la sociedad.

Normativa

→ Real Decreto Legislativo 1/2013, de 29 de noviembre, por el que se aprueba el Texto Refundido de la Ley General de derechos de las personas con discapacidad y de su inclusión social.

> Es la norma básica en España que garantiza los derechos de las personas con discapacidad, asegurando la igualdad de oportunidades, la no discriminación y la accesibilidad en todos los ámbitos de la vida.

→ Real Decreto 1544/2007, de 23 de noviembre, por el que se regulan las condiciones básicas de accesibilidad y no discriminación para el acceso y utilización de los modos de transporte para personas con discapacidad.

Es una norma que establece las condiciones básicas de accesibilidad en los distintos medios de transporte, garantizando que las personas con discapacidad puedan utilizarlos de forma autónoma, segura y sin discriminación. Regula aspectos como la adaptación de vehículos, infraestructuras, información y asistencia al viajero, con el objetivo de asegurar la igualdad de oportunidades en la movilidad.

→ Reglamento (UE) n.° 181/2011 del Parlamento Europeo y del Consejo de 16 de marzo de 2011 sobre los derechos de los viajeros de autobús y autocar y por el que se modifica el Reglamento (CE) 2006/2004.

Es un reglamento europeo que establece los derechos de los viajeros de autobús y autocar, garantizando una protección mínima en aspectos como información, asistencia, indemnizaciones y atención en caso de retrasos o cancelaciones. Además, presta especial atención a las personas con discapacidad o movilidad reducida, asegurando su acceso al transporte sin discriminación y con las ayudas necesarias durante el viaje.